MW00573102

Xue Hanyu

学汉语
Learn Chinese

语言类

高等教育出版社·北京
HIGHER EDUCATION PRESS   BEIJING

"中国欢迎你"短期汉语系列教材

总策划　许　琳

总监制　王永利

策　划　陈　默　邵亦鹏

监　制　薛　佼

编委会成员（按姓名音序排列）

常　春	迟兰英	代凝慧	丁　磊	丁　颖	董　赟
范祖奎	冯丽君	郝永宁	贺红梅	侯晓彬	纪仁盛
贾静芳	贾腾飞	姜志琪	金飞飞	鞠　慧	孔庆国
孔雪晴	李红艳	李　娜	梁小岸	梁　云	刘芳珍
刘玉波	卢小燕	罗来莉	罗兴平	孟宪滨	秦晓燕
屠晓蓓	汪正才	王　岱	王文龙	王　艳	王　瑜
王玉静	温　培	吴玉为	席忠祥	许　娟	杨　硕
杨晓霞	袁　勇	张　蕾	张　丽	张全生	张新江
张　勇	章新拓	赵江民	郑　颖	周　芳	周　荧
朱　璇	朱　芸				

前 言

随着中国与世界各国距离的拉近，越来越多的人渴望了解中国、体验中国。为了帮助"汉语桥"夏令营中小学生以及所有对中国感兴趣的外国朋友在较短时间内了解中国的语言和文化、历史与风俗，中国国家汉办/孔子学院总部组织研发了"中国欢迎你"短期汉语系列教材。

◎ 适用对象

本系列教材主要适用于来华参加夏令营的海外中小学生，也可用于海外孔子学院和孔子课堂作为汉语教学辅助资源。

◎ 教材构成

本系列教材分为三大类：语言类、才艺类和地域类。

《学汉语》是语言类教材，共有8课。它以任务式教学法和交际法为统领，针对零起点的汉语学习者，将话题、功能和语言知识的学习有机地结合起来，配以丰富的练习和活动，目的在于帮助学习者在较短时间内打好汉语学习的基础，掌握最基本的交际技能。

本书每课的参考教学时间为4学时，全书的参考总学时为32学时。

◎ 编写特色

1. 全新的编写理念：本系列教材借鉴了全新的外语教学理念和最先进的外语教学法成果，真正做到以学习者为中心，满足学习者的个性化需求。

2. 全新的编写风格：本系列教材话题实用，内容简单，形式丰富，图文并茂，寓教于乐，注重实效，目的在于使汉语变得"易懂、易学、易用"。

3. 全新的教学设计：本系列教材以任务和活动为主线，便于教师进行教学设计，充分调动学习者的兴趣，实现轻松有效的课堂教学。

让我们翻开书，一起去感知充满魅力的汉语和中国文化！

编委会

2011年5月

目录 Contents

学习目标	句型	中国古诗	汉字与文化
1 相识 xiāngshí Acquaintance			7
① 国家名称 Names of countries ② 问候与介绍 Greeting and introduction	• 你叫什么名字? • 你是哪国人? • 你是学生吗? • 认识你很高兴。	咏鹅 Ode to Goose (唐)骆宾王	北京
2 时间 shíjiān Time			14
① 数字和时间 Numbers and time ② 描述日常生活 Describing daily life	• 现在几点? • 我上午九点上课。	一去二三里 One Travels Two or Three Miles (宋)邵康节	生肖
3 天气 tiānqì Weather			21
① 季节和天气 Seasons and weather ② 描述程度 Describing degrees	• 今天的气温是多少度? • 太热了!	春晓 Spring Morning (唐)孟浩然	功夫
4 水果饮料 shuǐguǒ yǐnliào Fruits and Drinks			28
① 水果和饮料 Fruits and drinks ② 表达喜爱的感情 Expressing the feeling of fondness	• 我们去上课吧。 • 西瓜真好吃! • 你想去北京还是去上海? • 我更喜欢李小龙。	画 Picture (唐)王维	明星

Useful Expressions

1. 你好！/你们好！/老师好！
   Nǐ hǎo! / Nǐmen hǎo! / Lǎoshī hǎo!
   Hello. (you / you, plural form / teacher)

2. 再见。
   Zàijiàn.
   Goodbye.

3. A：谢谢！
   Xièxie!
   Thanks.

   B：不客气。
   Bú kèqi.
   You are welcome.

4. A：对不起。
   Duìbuqǐ.
   Sorry.

   B：没关系。
   Méi guānxi.
   It doesn't matter.

5. A：你叫什么名字？
   Nǐ jiào shénme míngzi?
   What is your name?

   B：我叫……。
   Wǒ jiào ....
   My name is....

6. 认识你很高兴。
   Rènshi nǐ hěn gāoxìng.
   Nice to meet you.

7. 我是美国人。
   Wǒ shì Měiguórén.
   I am American.

8. 我不会说汉语。
   Wǒ bú huì shuō Hànyǔ.
   I don't speak Chinese.

   我会说一点儿汉语。
   Wǒ huì shuō yìdiǎnr Hànyǔ.
   I can speak a little Chinese.

9. 现在几点？
   Xiànzài jǐ diǎn?
   What time is it now?

10. 我有点儿不舒服。
    Wǒ yǒudiǎnr bù shūfu.
    I am a bit sick.

11. 还可以。/马马虎虎。
    Hái kěyǐ. / Mǎmǎhūhū.
    It's OK. / So so.

12. 请问，洗手间在哪里？
    Qǐngwèn, xǐshǒujiān zài nǎlǐ?
    Excuse me, where is the toilet?

13. 这附近有网吧吗？
    Zhè fùjìn yǒu wǎngbā ma?
    Is there an Internet bar near here?

14. 您再说一遍，好吗？
    Nín zài shuō yí biàn, hǎo ma?
    Can you say it again?

15. 我想换钱，换100美元。
    Wǒ xiǎng huànqián, huàn yìbǎi Měiyuán.
    I want to change money, 100USD.

16. 您能帮我们照张相吗？
    Nín néng bāng wǒmen zhào zhāng xiàng ma?
    Can you help us take a photo?

17. 这个多少钱一个？
    Zhège duōshao qián yí gè?
    How much is ...?

18. 一共多少钱？
    Yí gòng duōshao qián?
    How much altogether?

19. 便宜点儿可以吗？
    Piányi diǎnr kěyǐ ma?
    Could you go a little lower on the price?

20. 服务员，点菜。/结账。
    Fúwùyuán, diǎncài. / Jiézhàng.
    Waiter, we are ready to order. / Check.

（注：学生可以将本页剪下来，装订成册，制成小口袋书，随身携带。）

4

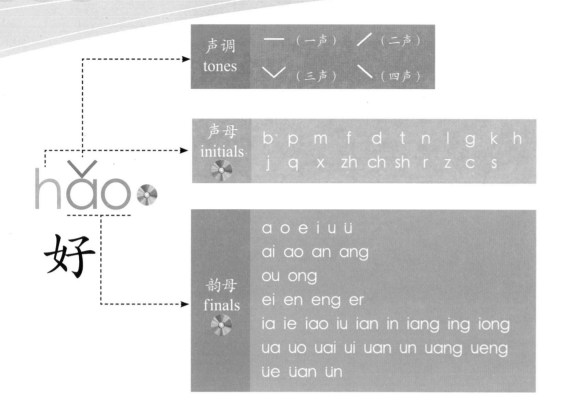

声调 tones	─ (一声) ／ (二声) ∨ (三声) ＼ (四声)

声母 initials	b p m f d t n l g k h j q x zh ch sh r z c s

韵母 finals	a o e i u ü ai ao an ang ou ong ei en eng er ia ie iao iu ian in iang ing iong ua uo uai ui uan un uang ueng üe üan ün

hǎo

好

拼音歌

Song of Tones 声调歌

ā	á	ǎ	à
ō	ó	ǒ	ò
ē	é	ě	è
ī	í	ǐ	ì
ū	ú	ǔ	ù
ǖ	ǘ	ǚ	ǜ

Song of *Pinyin* Letters 字母歌

a o e i u ü

b p m f d t n l

g k h j q x

zh ch sh r z c s

nǐ lái chàng wǒ lái chàng

a o e de gē

Evolution of Chinese Characters
汉字的演变

Oracle Bone Script 甲骨文	Bronze Script 金文	Small Seal Script 小篆	Clerical Script 隶书	Regular Script 楷书	Cursive Script 草书	Running Script 行书

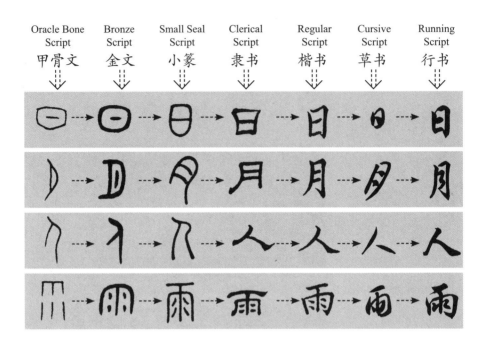

Basic Strokes of Chinese Characters
汉字的基本笔画

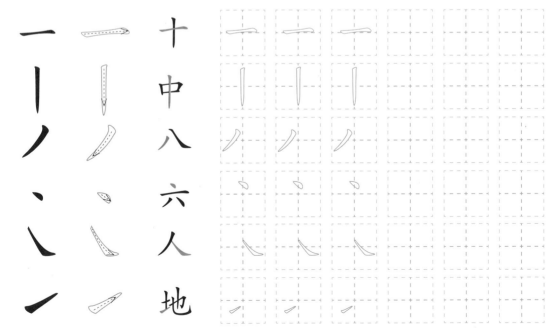

十中八六人地

一丨丿丶乀

第 1 课 相 识
Acquaintance

Warm-up 热身

① Listen and repeat. 听录音，跟读。

single form 单数			plural form 复数		
I	我	wǒ	we	我们	wǒmen
you	你	nǐ	you	你们	nǐmen
he	他	tā	they	他们	tāmen
she	她	tā	they	她们	tāmen
it	它	tā	they	它们	tāmen

老师
lǎoshī

学生
xuésheng

 1 相识

2 Listen and repeat. Try to say your nationality in Chinese.
听录音，跟读。试着用汉语说出你的国籍。

你是哪国人？
Nǐ shì nǎ guó rén?

我 是……人。
Wǒ shì … rén.

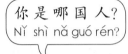

1
中国
Zhōngguó

2
英国
Yīngguó

3
美国
Měiguó

4
日本
Rìběn

5
韩国
Hánguó

6
加拿大
Jiānádà

7
印度
Yìndù

8
菲律宾
Fēilǜbīn

9
越南
Yuènán

10
新加坡
Xīnjiāpō

11
法国
Fǎguó

12
德国
Déguó

13
西班牙
Xībānyá

14
意大利
Yìdàlì

15
俄罗斯
Éluósī

16
澳大利亚
Àodàlìyà

Dialogue 对话

大卫：你好，我叫大卫。你叫什么名字？
Dàwèi： Nǐ hǎo,   wǒ jiào Dàwèi.   Nǐ jiào shénme míngzi?

王明：我叫 王 明。
Wáng Míng： Wǒ jiào Wáng Míng.

大卫：你好，王 明。认识你很 高兴。
Dàwèi： Nǐ hǎo, Wáng Míng.   Rènshi nǐ hěn gāoxìng.

王明：认识你我也很 高兴。
Wáng Míng： Rènshi nǐ wǒ yě hěn gāoxìng.

王明：大卫，你是哪国人？
Wáng Míng： Dàwèi,   nǐ shì nǎ guó rén?

大卫：我是 英国人。
Dàwèi： Wǒ shì Yīngguórén.

王明：你是 学生 吗？
Wáng Míng： Nǐ shì xuésheng ma?

大卫：对，我是 高中生。
Dàwèi： Duì,   wǒ shì gāozhōngshēng.

Trans-lation

David：	Hello, my name is David. What is your name?
Wang Ming：	My name is Wang Ming.
David：	Hello, Wang Ming. Nice to meet you.
Wang Ming：	Nice to meet you, too.
Wang Ming：	David, what is your nationality?
David：	I am British.
Wang Ming：	Are you a student?
David：	Yes, I am a high school student.

Sentence Patterns 学句型

Listen and repeat. Then practice the dialogue according to your real situation in pairs.
听录音，跟读，然后两人一组，根据实际情况练习对话。

1 What is one's name?

你 nǐ		
他 tā	叫 jiào	什么 名字? shénme míngzi?
老师 lǎoshī		

● **Answer**

……叫……。
…jiào….

2 Where is /are...from?

你 nǐ		
他 tā	是 shì	哪 国 人? nǎ guó rén?
你们 nǐmen		

● **Answer**

……是……人。
…shì … rén.

3 Is/Are...student(s)?

你 nǐ		
他 tā	是 学生 吗? shì xuésheng ma?	
你们 nǐmen		

● **Answer**

……是学生。
…shì xuésheng.
……不是学生。
…bú shì xuésheng.

4 Nice to meet you.

认识 你 很 高兴。
Rènshi nǐ hěn gāoxìng.

● **Answer**

认识 你 我 也 很 高兴。
Rènshi nǐ wǒ yě hěn gāoxìng.

Activities 活动

1 Listen and number the words. 听录音，填序号。

我 I wǒ · 你 you nǐ · 他 he tā · 我们 we wǒmen · 你们 you nǐmen · 她们 they tāmen

2 Match the country's names with the corresponding pictures, and then say the name of your country in Chinese.
将国家名称和图片连线，然后用汉语说出你的国籍。

中国 Zhōngguó

美国 Měiguó

日本 Rìběn

西班牙 Xībānyá

韩国 Hánguó

新加坡 Xīnjiāpō

英国 Yīngguó

菲律宾 Fēilǜbīn

印度尼西亚 Yìndùníxīyà

法国 Fǎguó

德国 Déguó

俄罗斯 Éluósī

越南 Yuènán

印度 Yìndù

③ Introduce yourself to the class in Chinese. 用汉语向全班同学介绍你自己。

你们好!
Nǐmen hǎo!

我叫……。
Wǒ jiào ....

我是……人。
Wǒ shì ... rén.

我是 高中生。
Wǒ shì gāozhōngshēng.

认识你们我很 高兴。
Rènshi nǐmen wǒ hěn gāoxìng.

④ Work in pairs. Write down your favorite person's name or stick his/her picture in the frame, and then talk about him/her with your partner in Chinese. 两人一组，将你喜欢的人的名字写下来，或者将他/她的照片贴在框里，然后用汉语跟你的同伴谈一谈。

他/她叫 什么 名字?
Tā jiào shénme míngzi?

他/她是 哪 国 人?
Tā shì nǎ guó rén?

他/她是 学生 吗?
Tā shì xuésheng ma?

Let's Chant Ancient Chinese Poetry 中国古诗诵读

咏鹅
Yǒng É

（唐）骆宾王

鹅鹅鹅，　　　　É é é,
曲项向天歌。　qū xiàng xiàng tiān gē.
白毛浮绿水，　Bái máo fú lù shuǐ,
红掌拨清波。　hóng zhǎng bō qīng bō.

Ode to Goose

Goose, goose, goose, hi,
You with a long-crooked neck sing to the sky.
Floating on green water with feathers of white,
With red-webbed feet stirring the blue dye.

Chinese Characters and Culture 汉字与文化

Běijīng Beijing

北京是中国的首都，简称"京"，是中国第二大城市及政治、交通和文化中心。北京有3 000多年的建城史和850多年的建都史，拥有众多的名胜古迹和人文景观。北京夏季高温多雨，冬季寒冷干燥，春季和秋季短促。

Beijing is the capital city of China, and its abbreviation is "Jing." It is the second biggest city in China and the center of politics, transportation and culture. Beijing has a history of over 3 000 years as a city and a history of over 850 years as a capital. It boasts a large number of places of historic interest, scenic beauty and cultural heritage. The weather in Beijing is hot and rainy in summer and cold and dry in winter. The spring and autumn are very short here.

 Take a guess 考考你

Guess which two pictures were not taken in Beijng. 猜猜下面哪两张照片不是在北京拍的。

第2课 时间

Time

1 Listen and repeat. Talk about the things you like to do most in Chinese.
听录音，跟读。用汉语说说你最喜欢做的事情。

起床
qǐ chuáng

上课
shàngkè

下课
xiàkè

吃饭
chīfàn

运动
yùndòng

打 电话
dǎ diànhuà

上网
shàngwǎng

看 电视
kàn diànshì

睡觉
shuìjiào

2 Listen and repeat. Then answer the following questions with numbers.
听录音，跟读，然后用数字回答下面的问题。

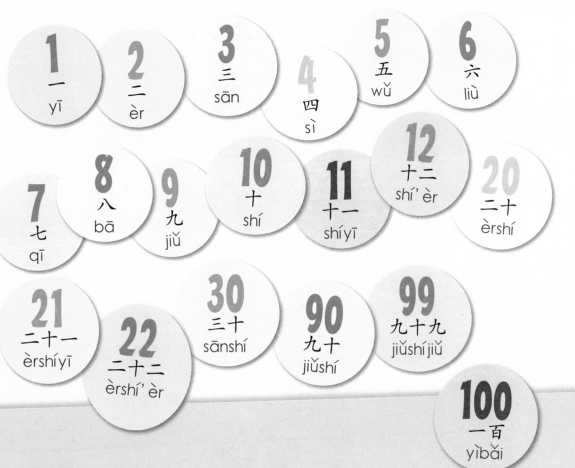

What time is it now? 现在几点？

What day is it today? 今天星期几？

What is the date today? 今天几月几号？

When is your birthday? 你的生日是哪天？

How many students are there in your class? 现在你的班里有多少个学生？

Dialogue 对话

现在几点？
Xiànzài jǐ diǎn?

现在 上午 九点。 我九点上课。
Xiànzài shàngwǔ jiǔ diǎn.　Wǒ jiǔ diǎn shàngkè.

现在十二点。 我十二点下课。
Xiànzài shí' èr diǎn.　Wǒ shí' èr diǎn xiàkè.

现在十二 点半。 我十二点 半吃饭。
Xiànzài shí' èr diǎn bàn.　Wǒ shí' èr diǎn bàn chīfàn.

现在 晚上 十点。 我十点 睡觉。
Xiànzài wǎnshang shí diǎn.　Wǒ shí diǎn shuìjiào.

Trans-
lation

What time is it now?

It's nine o'clock in the morning. I have class at nine.

It's twelve o'clock. I finish class at twelve.

It's twelve thirty. I have lunch at twelve thirty.

It's ten o'clock in the evening. I go to bed at ten.

Sentence Patterns 学句型

Listen and repeat. Then briefly describe the things you do in a day.
听录音，跟读，然后用汉语简单介绍你一天的活动。

1 What time is it now?　　　　**It is....**

| 现在 xiànzài | 几 jǐ | 点? diǎn? | 现在……点（……分）。 Xiànzài ... diǎn (... fēn). |

九点
jiǔ diǎn

九点五分
jiǔ diǎn wǔ fēn

九点十五分
jiǔ diǎn shíwǔ fēn
or
九点一刻
jiǔ diǎn yí kè

九点三十分
jiǔ diǎn sānshí fēn
or
九点半
jiǔ diǎn bàn

九点四十五分
jiǔ diǎn sìshíwǔ fēn
or
差一刻十点
chà yí kè shí diǎn

九点五十五分
jiǔ diǎn wǔshíwǔ fēn
or
差五分十点
chà wǔ fēn shí diǎn

2 I do something at some time.

我 wǒ	早上 zǎoshang	六点 liù diǎn	起床 qǐchuáng
	上午 shàngwǔ	九点 jiǔ diǎn	上课 shàngkè
	中午 zhōngwǔ	十二点 shí'èr diǎn	吃饭 chīfàn
	下午 xiàwǔ	两点半 liǎng diǎn bàn	运动 yùndòng
	晚上 wǎngshang	十点 shí diǎn	睡觉 shuìjiào

2 时间

 Activities 活动

1 Listen and number the time. 听录音，填序号。

（八个手表图，下方各有一个圆圈）

2 Find out the four differences in the two pictures below, and say them aloud in Chinese. 找出下面两幅图中的四处不同，并用汉语说出来。

3 Listen and choose the correct pictures. 听录音，选择正确的图片。

4 Ask five classmates what time they usually do the following things. Fill in the time on the chart, and then describe the activities in Chinese. 调查五个同学，他们通常在什么时间做下面的事情。把时间填在表格里，然后用汉语描述一下。

姓名 names	起床 qǐchuáng	上课 shàngkè	下课 xiàkè	吃饭 chīfàn	运动 yùndòng	上网 shàngwǎng	睡觉 shuìjiào

Let's Chant Ancient Chinese Poetry 中国古诗诵读

一去二三里

Yī Qù Èr Sān Lǐ

（宋）邵康节

一去二三里, Yī qù èr sān lǐ,
烟村四五家。 yān cūn sì wǔ jiā.
亭台六七座, Tíng tái liù qī zuò,
八九十枝花。 bā jiǔ shí zhī huā.

One Travels Two or Three Miles

One travels two or three miles,
Can see four or five houses with smoking chimneys,
Six or seven pavilions,
Eight, nine or ten flowers.

Chinese Characters and Culture 汉字与文化

生肖

shēngxiào animal sign

生肖也称"属相"，是用来代表年份的12种动物，依次是：鼠、牛、虎、兔、龙、蛇、马、羊、猴、鸡、狗和猪。生肖每12年循环一次，出生在哪一年就属哪一年的生肖。比如，1996、2008年是鼠年，在这两年里出生的人就属"鼠"。

Animal sign, or "shuxiang" in Chinese, refers to the 12 animals that are used to represent different years. The 12 animals are: rat, ox, tiger, rabbit, dragon, snake, horse, sheep, monkey, rooster, dog and pig. A new cycle begins every 12 years. People born in a certain year bear the corresponding animal sign. For example, the year 1996 and 2008 are both the year of rat, so the animal sign of people who were born in these two years is "rat."

 Take a guess 考考你

Figure out your animal sign according to your birth year. You can also help your family members or friends to find out their animal signs. 根据你的出生年份算出你的生肖是什么，也可以替你的家人和朋友算一算。

1972 1984
1996 2008

1973 1985
1997 2009

1974 1986
1998 2010

1975 1987
1999 2011

1976 1988
2000 2012

1977 1989
2001 2013

1978 1990
2002 2014

1979 1991
2003 2015

1980 1992
2004 2016

1981 1993
2005 2017

1982 1994
2006 2018

1983 1995
2007 2019

第3课

天气
Weather

1 Listen and repeat. Then guess the highest temperatures of yesterday, today and tomorrow in your current location. 听录音，跟读，然后猜猜当地昨天、今天和明天的最高气温是多少度。

今 天	jīntiān	today
昨 天	zuótiān	yesterday
明 天	míngtiān	tomorrow
天 气	tiānqì	weather
温 度	wēndù	temperature
摄氏度	shèshìdù	Celsius
华氏度	huáshìdù	Fahrenheit

	℃	℉
今天		
昨天		
明天		

2 Listen and repeat. Then briefly introduce the seasons and climate of your hometown. 听录音，跟读，然后简单介绍一下你家乡的季节和气候。

春天
chūntiān

夏天
xiàtiān

秋天
qiūtiān

冬天
dōngtiān

旱季
hànjì

雨季
yǔjì

热
rè

冷
lěng

凉快
liángkuai

暖和
nuǎnhuo

晴天
qíngtiān

阴天
yīntiān

下雨
xiàyǔ

下雪
xiàxuě

Dialogue 对话

安妮：今天的气温是 多少 度？
Ānnī：Jīntiān de qìwēn shì duōshao dù?

李月： 38 度。
Lǐ Yuè：Sānshíbā dù.

安妮：太热了！
Ānnī：Tài rè le!

李月：这里的夏天 很热。
Lǐ Yuè：Zhèlǐ de xiàtiān hěn rè.

安妮：秋天 怎么样？
Ānnī：Qiūtiān zěnmeyàng?

李月：秋天 很 凉快。
Lǐ Yuè：Qiūtiān hěn liángkuai.

安妮：冬天 呢？
Ānnī：Dōngtiān ne?

李月：冬天 有点儿冷。
Lǐ Yuè：Dōngtiān yǒudiǎnr lěng.

Translation

Annie： What is today's temperature?
Li Yue： 38 degrees Celsius.
Annie： Too hot!
Li Yue： Summer here is very hot.
Annie： How about the fall?
Li Yue： It's very cool in the fall.
Annie： How about the winter?
Li Yue： It's a bit cold in the winter.

Sentence Patterns 学句型

Listen and repeat. Then make sentences with the sentence patterns below.
听录音，跟读，然后用下面的句型造句。

1 How many/How much…?

● **Answer**

多少 duōshao	人 rén	我们班有多少人？ Wǒmen bān yǒu duōshao rén?	15人。 Shíwǔ rén.
	度 dù	今天的气温是多少度？ Jīntiān de qìwēn shì duōshao dù?	32度。 Sānshí'èr dù.
	钱 qián	这个多少钱？ Zhège duōshao qián?	50元。 Wǔshí yuán.

2 Degrees: too, very, a little, not so, not

今天 jīntiān	太……了 tài … le	热 rè
	很 hěn	
	有点儿 yǒudiǎnr	
	不太 bú tài	
	不 bú	

Activities 活动

1 Listen and write out the correct numbers. 听录音，写出正确的数字。

1 _____ ℃   **2** _____ ℃   **3** _____ ℃

4 _____ ℃   **5** _____ ℃   **6** _____ ℃

24

2 Listen and decide whether the pictures are true or false. Mark ✓ if a picture is true, and ✕ if false. 听录音，判断对错。正确的画✓，错误的画✕。

3 Work in pairs. Make a weather chart for these three days in your current location. Then present it in Chinese. 两人一组，制作一份当地最近三天的天气情况图表，然后用汉语介绍一下。

昨天

今天

明天

这里是＿＿＿＿＿。 现在是夏天。
Zhèlǐ shì ＿＿＿＿＿. Xiànzài shì xiàtiān.

今天＿＿＿＿＿, ＿＿＿＿＿度, ＿＿＿＿＿热。
Jīntiān＿＿＿＿＿, ＿＿＿＿＿dù, ＿＿＿＿＿rè.

This is …. Now it is summer.

Today is …, … degrees Celsius. It is … hot.

4 Divide the class into two groups. One group describes a student in the class without meationing his/her name. The other group guesses who he/she is.

全班分成两组。一组描述本班的一名同学，但不要说出名字，另一组猜猜他/她是谁。

例
> 他/她（的……）太……了！
>
> 他/她（的……）有点儿/很/不太/不……。

Let's Chant Ancient Chinese Poetry 中国古诗诵读

春晓
Chūn Xiǎo

（唐）孟浩然

春眠不觉晓，　Chūn mián bù jué xiǎo,

处处闻啼鸟。　chù chù wén tí niǎo.

夜来风雨声，　Yè lái fēng yǔ shēng,

花落知多少。　huā luò zhī duō shǎo.

Spring Morning

This spring morning in bed I'm lying,
Not to awake till birds are singing.
After one night of wind and storms,
How many are the fallen flowers!

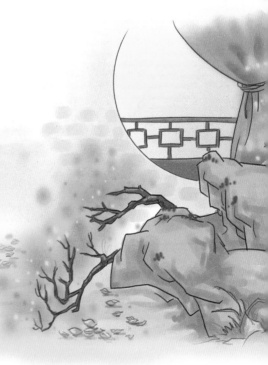

Chinese Characters and Culture 汉字与文化

功夫
gōngfu kung fu

功夫是中国武术的一个分支，是一种依靠拳脚、木棍以及暗器为主要杀伤手段的格斗技能。少林功夫是中国著名的武术流派之一，有"天下功夫出少林"的说法。李小龙的功夫电影则使中国功夫扬名世界。

Kung fu is one branch of China's martial arts. It is a combat skill using hands and feet, wood sticks and hidden weapons as means of killing and wounding others. Shaolin kung fu is a well-renowned school in the field of martial arts. There is a saying that the "Shaolin Monastery is the source of all kung fu around the world." Bruce Lee's action movies brought Chinese kung fu to world fame.

Take a guess 考考你

Find out which two action movies below are performed by the same actor.
找一找下面哪两部功夫电影是由同一个演员主演的。

第 4 课 水果饮料
Fruits and Drinks

1 Listen and repeat. Then give several examples for each word.
听录音，跟读，然后为每个词语举几个例子。

吃 chī eat		好吃 hǎochī delicious
喝 hē drink		好喝 hǎohē taste good
好 hǎo good	玩 wán play	好玩 hǎowán fun
	看 kàn look	好看 hǎokàn good looking
	听 tīng listen	好听 hǎotīng pleasant to listen to
	闻 wén smell	好闻 hǎowén smell good

2 Listen and repeat. Then tell the class what you like to eat and drink.
听录音，跟读，然后说说你喜欢吃什么，喝什么。

西瓜 xīguā

香蕉 xiāngjiāo

梨 lí

桃 táo

苹果 píngguǒ

草莓 cǎoméi

菠萝 bōluó

葡萄 pútao

雪糕 xuěgāo

水 shuǐ

牛奶 niúnǎi

酸奶 suānnǎi

冰激凌 bīngjīlíng

茶 chá

咖啡 kāfēi

可乐 kělè

果汁 guǒzhī

Dialogue 对话

1. 我们吃西瓜吧。今天我请客。
Wǒmen chī xīguā ba. Jīntiān wǒ qǐngkè.

2. 好啊！
Hǎo a!

3. 怎么样？ 好吃吗？
Zěnmeyàng? Hǎochī ma?

4. 真好吃！
Zhēn hǎochī!

5. 再喝一杯西瓜汁吧。
Zài hē yì bēi xīguā zhī ba.

6. 好的。 谢谢！
Hǎode. Xièxie!

7. 你喜欢吃西瓜还是喝西瓜汁?
Nǐ xǐhuan chī xīguā háishi hē xīguā zhī?

8. 我更喜欢吃西瓜。
Wǒ gèng xǐhuan chī xīguā.

Translation

Wang Ming: Let's eat watermelon. It's on me today.
Annie: Good!
Wang Ming: Do you like it? Is it delicious?
Annie: It's so delicious!
Wang Ming: Let's have a drink of the watermelon juice.
Annie: OK. Thanks!
Wang Ming: Which do you like better: watermelon or watermelon juice?
Annie: I like watermelon better.

30

Sentence Patterns 学句型

Listen and repeat. Then make sentences with the sentence patterns below.
听录音，跟读，然后用下面的句型造句。

1 Let's....

我们 wǒmen	去上课 qù shàngkè	吧 ba
	吃西瓜 chī xīguā	
	看电视 kàn diànshì	

2 ...is/are so...!

今天 jīntiān	真 zhēn	凉快 liángkuai
西瓜 xīguā		好吃 hǎochī
人 rén		多 duō

3 Is/Are...A or B?

他是老师 tā shì lǎoshī	还是 háishi	学生 xuésheng？
你想去北京 nǐ xiǎng qù Běijīng		去上海 qù Shànghǎi？
你喜欢吃西瓜 nǐ xǐhuan chī xīguā		吃苹果 chī píngguǒ？
我们九点上课 wǒmen jiǔ diǎn shàngkè		十点上课 shí diǎn shàngkè？

● **Answer**

他是学生。
Tā shì xuésheng.

我想去上海。
Wǒ xiǎng qù Shànghǎi.

我喜欢吃西瓜。
Wǒ xǐhuan chī xīguā.

我们九点上课。
Wǒmen jiǔ diǎn shàngkè.

4 I like...better.

我 wǒ	更喜欢 gèng xǐhuan	李小龙 Lǐ Xiǎolóng
		吃西瓜 chī xīguā
		上网 shàngwǎng

31

Activities 活动

1 Listen and number the pictures. 听录音，填序号。

2 Look at the pictures A or B. Find out which fruit appears the most times. Say the name of the fruit and how many times it appears in Chinese.

看图A或图B，找出出现次数最多的水果，用汉语说出水果的名称和出现的次数。

Ⓐ

西瓜	梨	苹果		梨
草莓	苹果	桃	西瓜	
葡萄	西瓜	香蕉		葡萄
梨	菠萝		菠萝	草莓
苹果	香蕉		苹果	
西瓜	葡萄		桃	草莓
桃	苹果	草莓		西瓜
	菠萝	梨		草莓
梨	香蕉	桃	桃	
葡萄	西瓜	草莓	菠萝
	桃			香蕉
菠萝	苹果	菠萝		
梨	草莓	梨	葡萄
	苹果	葡萄	西瓜	苹果
桃				
葡萄	香蕉	菠萝	草莓	桃
西瓜	苹果		梨	香蕉

Ⓑ

32

❸ Ask ten students in your class what fruit and drink they like most. (One person can choose only one kind of fruit and drink.) Then color a star over the fruit and drink. See which kind of fruit and drink are the most popular. 调查班里的10名同学，问问他们最喜欢什么水果和饮料（每人只能选择一种水果和一种饮料），为选中的水果和饮料涂一颗星星。看看哪种水果和饮料最受欢迎。

西瓜		☆	☆	☆	☆	☆	☆	☆	☆	☆	☆
葡萄		☆	☆	☆	☆	☆	☆	☆	☆	☆	☆
香蕉		☆	☆	☆	☆	☆	☆	☆	☆	☆	☆
桃		☆	☆	☆	☆	☆	☆	☆	☆	☆	☆
冰激凌		☆	☆	☆	☆	☆	☆	☆	☆	☆	☆
水		☆	☆	☆	☆	☆	☆	☆	☆	☆	☆
酸奶		☆	☆	☆	☆	☆	☆	☆	☆	☆	☆
茶		☆	☆	☆	☆	☆	☆	☆	☆	☆	☆
咖啡		☆	☆	☆	☆	☆	☆	☆	☆	☆	☆
可乐		☆	☆	☆	☆	☆	☆	☆	☆	☆	☆
果汁		☆	☆	☆	☆	☆	☆	☆	☆	☆	☆

Let's Chant Ancient Chinese Poetry 中国古诗诵读

画
Huà

（唐）王维

远看山有色，
Yuǎn kàn shān yǒu sè,
近听水无声。
jìn tīng shuǐ wú shēng.
春去花还在，
Chūn qù huā hái zài,
人来鸟不惊。
rén lái niǎo bù jīng.

Picture

The mountain is colorful seen in the remote distance,
The water runs silently even though you are close and listening.
The flowers are still in blossom even when spring has passed,
The birds won't flutter away even when you are approaching.

Chinese Characters and Culture 汉字与文化

明星

míngxīng star

① 王菲

② 葛优

③ 李宇春

④ 李宁

⑤ 李冰冰

⑥ 成龙

⑦ 陈道明

⑧ 姚明

⑨ 周杰伦

Take a guess 考考你

Among the Chinese stars above, guess who are the movie stars, who are the singers, and who are the sports stars. Write the numbers of the pictures below. 猜猜在上面的中国明星里，哪些是影星，哪些是歌星，哪些是体育明星，把图片的序号写在下面的横线上。

影星（movie star）_____

歌星（singer）_____

体育明星（sports star）_____

第5课 中餐

Chinese Food

Warm-up 热身

① Listen and repeat. Then tell which tastes of food you like.
听录音，跟读，然后说说你最喜欢吃哪种味道的菜。

碗	盘子	筷子	勺子	叉子	味精	辣椒
wǎn	pánzi	kuàizi	sháozi	chāzi	wèijīng	làjiāo

油	盐	酱	醋	酸	甜	苦	辣
yóu	yán	jiàng	cù	suān	tián	kǔ	là
oil	salt	sauce	vinegar	sour	sweet	bitter	hot

2 Listen and repeat. Then try to say the names of the Chinese dishes you have had in Chinese. 听录音，跟读，然后试着用汉语说出你吃过的中国菜的名称。

烤鸭 kǎoyā

火锅 huǒguō

青菜 qīngcài

茄子 qiézi

土豆 tǔdòu

西红柿 xīhóngshì

鸡蛋 jīdàn

豆腐 dòufu

肉 ròu

炒菜 chǎocài

汤 tāng

炒饭 chǎofàn

饺子 jiǎozi

面条 miàntiáo

馄饨 húntun

包子 bāozi

饼 bǐng

Dialogue 对话

(40 minutes later)

Trans-
lation

waitress:	How many?
David:	Two.
David:	Waitress, we are ready to order.
David:	I want noodles. What do you want?
Annie:	I want fried rice, without MSG.
waitress:	What would you like to drink?

David:	A Coke. How about you?
Annie:	Water.
David:	A Coke and a water.
waitress:	OK.
Annie:	I'm full.
David:	Me too. Waitress, check, please.

Sentence Patterns 学句型

Listen and repeat. 听录音，跟读。

1 measure words

一 yí	位 wèi	老师 lǎoshī a teacher (the polite form of people)
一 yì	只 zhī	烤鸭 kǎoyā a roast duck (for animals)
一 yí	份 fèn	炒菜 chǎocài a fried dish (for food)
一 yì	碗 wǎn	米饭 mǐfàn a bowl of rice
一 yì	瓶 píng	水 shuǐ a bottle of water
一 yì	听 tīng	可乐 kělè a tin of Coke
一 yí	个 gè	叉子 chāzi a fork (the most commonly used measure word)
一 yì	双 shuāng	筷子 kuàizi a pair of chopsticks

2 What do you want?

你 nǐ	要 yào	什么? shénme?

I want....

我 wǒ	要 yào	烤鸭 kǎoyā 面条 miàntiáo 一瓶水 yì píng shuǐ

3 I have finished eating. /I am full. /I have eaten too much.

我 wǒ	吃 chī	完 wán 饱 bǎo 多 duō	了 le

Activities 活动

1 Listen and number the pictures. 听录音，填序号.

○ ○ ○ ○ ○ ○

2 Listen and number the pictures. 听录音，填序号。

◯　　　◯　　　◯　　　◯

3 Choose the correct measure words. 选择正确的量词。

① A. 位　B. 听　两＿＿＿可乐

② A. 份　B. 双　三＿＿＿筷子

③  A. 瓶　B. 位　一＿＿＿老师

④  A. 个　B. 只　一＿＿＿苹果

Let's Chant Ancient Chinese Poetry　中国古诗诵读

悯农
Mǐn Nóng

（唐）李绅

锄禾日当午，　Chú hé rì dāng wǔ,
汗滴禾下土。　hàn dī hé xià tǔ.
谁知盘中餐，　Shuí zhī pán zhōng cān,
粒粒皆辛苦。　lì lì jiē xīn kǔ.

The Peasants

At noon they weed with hoes,
Their sweat drips on the soil.
Each bowl of rice, who knows?
Is the fruit of hard toil.

Chinese Characters and Culture 汉字与文化

jiǎozi dumplings

饺子又称"水饺"，是深受中国人民喜爱的传统特色食品。它是中国北方民间的主食和地方小吃，也是年节食品。除夕夜吃饺子是中国的传统习俗之一，有一句民谣叫"大寒小寒，吃饺子过年"。饺子多用面皮包馅，水煮而成。

Dumplings (jiaozi), also called "shuijiao," are a kind of traditional food that Chinese people are very fond of. It is one of the main dishes in northern China and is eaten as a snack in some regions. Dumplings are also eaten during festivals. One of China's traditional customs is to eat dumplings on the eve of the lunar New Year. There is a folk saying, "after Dahan and Xiaohan, dumplings are served to celebrate the New Year." (Dahan and Xiaohan are both solar terms in the traditional Chinese calendar.) The fillings are covered with noodle-like wrappers to make dumplings, which are boiled in water, and then eaten.

Take a guess 考考你

The following pictures are the steps of making Chinese dumplings. Please number the pictures according to the correct order. 下面是饺子的制作步骤图，请按正确的顺序排列。

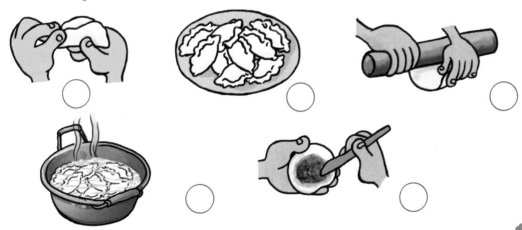

第6课

问 路
Asking the Way

1 Listen and repeat. Then talk about which means of transportation you usually take in your own country. 听录音，跟读，然后说说在你们国家，你经常采用哪种交通方式。

走路
zǒulù

骑车
qíchē

坐车
zuòchē

坐地铁
zuò dìtiě

打车
dǎchē

开车
kāichē

坐飞机
zuò fēijī

2 Listen and repeat. Then talk about which of the following places you have been to in China. 听录音，跟读，然后说说你在中国去过下面的哪些场所。

中学
zhōngxué

教学楼
jiàoxuélóu

图书馆
túshūguǎn

书店
shūdiàn

商场
shāngchǎng

体育馆
tǐyùguǎn

运动场
yùndòngchǎng

超市
chāoshì

公园
gōngyuán

饭店
fàndiàn

小吃店
xiǎochīdiàn

便利店
biànlìdiàn

网吧
wǎngbā

咖啡厅
kāfēitīng

Dialogue 对话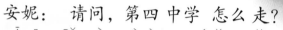

安妮： 请问，第四中学 怎么走？
Ānnī： Qǐngwèn, dì sì zhōngxué zěnme zǒu?

路人： 你怎么去？坐车去还是走路去？
lùrén： Nǐ zěnme qù? Zuòchē qù háishi zǒulù qù?

安妮： 嗯——，第四中学 远不远？
Ānnī： Ng—, dì sì zhōngxué yuǎn bu yuǎn?

路人： 不太远。走路去 15 分钟。
lùrén： Bú tài yuǎn. Zǒulù qù shíwǔ fēnzhōng.

安妮： 那我走路去。
Ānnī： Nà wǒ zǒulù qù.

路人： 一直走，第二个十字路口往 左 转。
lùrén： Yìzhí zǒu, dì èr gè shízì lùkǒu wǎng zuǒ zhuǎn.

安妮： 谢谢！
Ānnī： Xièxie!

路人： 不客气。
lùrén： Bú kèqi.

Translation

Annie：	Excuse me, how do I get to the No. 4 Middle School?
passer-by：	How do you want to go? By bus or on foot?
Annie：	Um... Is the No. 4 Middle School far?
passer-by：	No. It takes 15 minutes to walk there.
Annie：	Then I'll walk.
passer-by：	Go straight ahead, and turn left at the 2nd crossing.
Annie：	Thanks!
passer-by：	You are welcome.

Sentence Patterns 学句型

Listen and repeat. 听录音，跟读。

1 How to...?

第四中学怎么走? Dì sì zhōngxué zěnme zǒu? How do I get to the No. 4 Middle School?

你怎么去超市? Nǐ zěnme qù chāoshì? How do you go to the supermarket?

"你好"用英语怎么说? "Nǐhǎo" yòng Yīngyǔ zěnme shuō? How do you say "你好" in English?

"你好"怎么写? "Nǐhǎo" zěnme xiě? How do you write "你好"?

2 ...or not?

今天热不热? Jīntiān rè bu rè? Is it hot today or not?

网吧远不远? Wǎngbā yuǎn bu yuǎn? Is the Internet bar far or not?

你去不去吃饭? Nǐ qù bu qù chīfàn? Are you going to eat a meal or not?

你喜欢不喜欢北京? Nǐ xǐhuan bu xǐhuan Běijīng? Do you like Beijing or not?

3 ...towards...

向 xiàng	上 shàng	看 kàn
	下 xià	
	左 zuǒ	转 zhuǎn
	右 yòu	
	前 qián	走 zǒu
	后 hòu	

Activities 活动

1 Listen and number the pictures. 听录音，填序号。

2 Listen and do the movements while repeating the sentences.
听录音，一边重复句子一边做动作。

上，上，上，上，向上看。
Shàng, shàng, shàng, shàng, xiàng shàng kàn.

下，下，下，下，向下看。
Xià, xià, xià, xià, xiàng xià kàn.

左，左，左，左，向左看。
Zuǒ, zuǒ, zuǒ, zuǒ, xiàng zuǒ kàn.

右，右，右，右，向右看。
Yòu, yòu, yòu, yòu, xiàng yòu kàn.

前，前，前，前，向前走。
Qián, qián, qián, qián, xiàng qián zǒu.

后，后，后，后，向后转。
Hòu, hòu, hòu, hòu, xiàng hòu zhuǎn.

3 Work in pairs. Look at the pictures, and make dialogues with the pattern "A不A" according to the cues. 两人一组。看图，根据提示用"A不A"进行对话练习。

1 人/多　rén/duō

2 苹果/好吃　píngguǒ/hǎochī

3 天气/热　tiānqì/rè

4 明星/帅　míngxīng/shuài

5 太阳/远　tàiyáng/yuǎn

6 熊猫/可爱　xióngmāo/kě'ài

Let's Chant Ancient Chinese Poetry 中国古诗诵读

草
Cǎo

（唐）白居易

离离原上草，　Lí lí yuán shàng cǎo,

一岁一枯荣。　yí suì yì kū róng.

野火烧不尽，　Yě huǒ shāo bú jìn,

春风吹又生。　chūn fēng chuī yòu shēng.

Grasses

Green grasses spread over the ancient plain,
With spring and autumn they come and go.
Wild fires burn them again and again in vain,
They rise up when spring winds blow.

Chinese Characters and Culture 汉字与文化

Chūn Jié Spring Festival

春节是中国的农历新年，是中国最重要的传统节日，俗称"过年"。春节从除夕开始，到正月十五结束，其中以除夕和正月初一为高潮。春节期间，全国放假，家庭团聚，各地和各民族都要举行各种活动以示庆祝。

Spring Festival is China's lunar New Year. It is called "guo nian" in Chinese and is the most important traditional festival in China. Spring Festival begins on the eve of lunar New Year and ends on the fifteenth day of the first lunar month. The eve of lunar New Year and the first day of the first lunar month are the peak times of the festival. During Spring Festival, the whole country is on holiday and every family gathers together. Various activities are held in many places and by every ethnic group to celebrate the festival.

 Take a guess 考考你

Guess which three pictures illustrate traditional activities of Spring Festival.
猜一猜下面的哪三张图片表现了春节期间的传统活动。

第 7 课

购 物
Shopping

1 Listen and repeat. Then talk about the most expensive and the most inexpensive things you've bought in China. What were their prices? 听录音，跟读。说说你在中国买到的最贵的物品是什么，最便宜的物品是什么，价钱分别是多少。

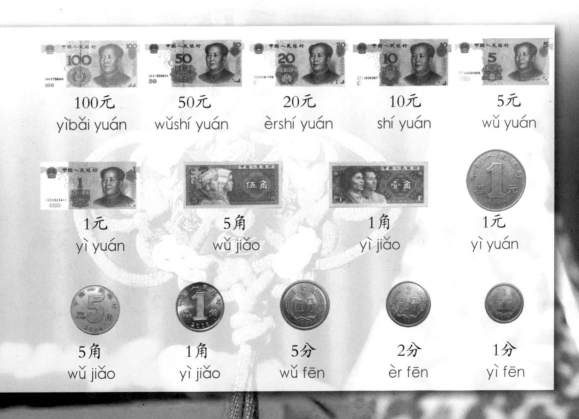

100元 yìbǎi yuán	50元 wǔshí yuán	20元 èrshí yuán	10元 shí yuán	5元 wǔ yuán
1元 yì yuán	5角 wǔ jiǎo	1角 yì jiǎo	1元 yì yuán	
5角 wǔ jiǎo	1角 yì jiǎo	5分 wǔ fēn	2分 èr fēn	1分 yì fēn

❷ Listen and repeat. Which of the following goods have you seen in China? Try to say their names in Chinese. 听录音，跟读。想想你在中国见过下面的哪些物品，试着用汉语说出它们的名称。

纪念品
jìniànpǐn

脸谱
liǎnpǔ

中国结
Zhōngguójié

书签
shūqiān

项链
xiàngliàn

钥匙扣
yàoshikòu

毛笔
máobǐ

扇子
shànzi

钱包
qiánbāo

T恤
T xù

茶叶
cháyè

上衣
shàngyī

裤子
kùzi

裙子
qúnzi

鞋
xié

帽子
màozi

丝巾
sījīn

手表
shǒubiǎo

Dialogue 对话

大卫：请问，这是什么？
Dàwèi： Qǐngwèn, zhè shì shénme ?

商贩：这是 中国结。
shāngfàn： Zhè shì Zhōngguójié.

大卫：中国结？ 多少 钱一个？
Dàwèi： Zhōngguójié? Duōshao qián yí gè?

商贩：30 元。
shāngfàn： Sānshí yuán.

大卫：30 元？太贵了！便宜点儿可以吗？
Dàwèi： Sānshí yuán? Tài guì le ! Piányi diǎnr kěyǐ ma?

商贩：你给个价钱吧。
shāngfàn： Nǐ gěi gè jiàqián ba.

大卫：10 元。
Dàwèi： Shí yuán.

商贩：可以。 你要几个？
shāngfàn： Kěyǐ. Nǐ yào jǐ gè?

大卫：我要 5 个。谢谢！
Dàwèi： Wǒ yào wǔ gè. Xièxie !

商贩：不客气。欢迎 再来。
shāngfàn： Bú kèqi . Huānyíng zài lái.

Trans-lation

David： Excuse me, what's this?
vendor： This is a Chinese knot.
David： A Chinese knot? How much?
vendor： Thirty yuan.
David： Thirty yuan? Too expensive! Could you go a little lower on the price?

vendor： You give me a price.
David： Ten yuan.
vendor： OK. How many do you want?
David： Five. Thanks!
vendor： You are welcome. See you next time.

Sentence Patterns 学句型

Listen and repeat. 听录音，跟读。

1 How much is…?

中国结 Zhōngguójié		一个 yí gè?
苹果 píngguǒ	多少钱 duōshao qián	一斤 yì jīn?
可乐 kělè		一听 yì tīng?

2 …, is it all right?

便宜点儿 piányi diǎnr	
8元一个 bā yuán yí gè	可以吗? kěyǐ ma?
我打个电话 wǒ dǎ gè diànhuà	

3 measure words

一 yí	件 jiàn	T恤/上衣 T xù/shàngyī	a T-shirt / jacket (for clothing)
一 yì	条 tiáo	裤子/裙子/丝巾/项链 kùzi / qúnzi / sījīn / xiàngliàn	a pair of pants / a skirt / silk scarf / necklace (for long thin things)
一 yì	支 zhī	笔 bǐ	a pen (for pens, songs, troops, etc.)
一 yì	把 bǎ	扇子 shànzi	a fan (for fan, chair, knife, etc.)
一 yì	斤 jīn	茶叶 cháyè	a half kilo of tea leaves (for a half kilo)
一 yì	双 shuāng	鞋/袜子 xié/wàzi	a pair of shoes / socks (a pair of)

Activities 活动

1 Listen and write down the prices. 听录音，在标签上写出价钱。

2 Work in pairs. Practice the dialogue according to the English cues.
两人一组，根据英文提示练习对话。

❸ There is only one article that has the same amount of pictures as Chinese words. Find it and tell it to your teacher in Chinese. 下图中只有一种物品的图片数量和词语数量是一样的，请把它找出来，并用汉语告诉你的老师。

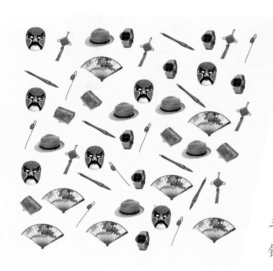

脸谱　扇子　帽子　毛笔　书签
扇子　书签　中国结　手表　钱包
钱包　脸谱　书签　脸谱　手表
书签　中国结　帽子　毛笔　扇子
扇子　脸谱　扇子　书签　帽子
手表　手表　钱包　毛笔
书签　扇子　脸谱　中国结　手表
毛笔　书签　中国结　毛笔　书签
钱包　帽子　脸谱　手表　扇子　帽子

Let's Chant Ancient Chinese Poetry　中国古诗诵读

静夜思
Jìng Yè Sī
（唐）李白

床前明月光，　　Chuáng qián míng yuè guāng,
疑是地上霜。　　yí shì dì shàng shuāng.
举头望明月，　　Jǔ tóu wàng míng yuè,
低头思故乡。　　dī tóu sī gùxiāng.

Thoughts on a Tranquil Night

Before my bed a pool of light,
Can it be hoar-frost on the ground?
Looking up, I find the moon bright,
Bowing down, in homesickness I'm drowned.

Chinese Characters and Culture 汉字与文化

Chángchéng the Great Wall

长城是中国古代由大小王朝为防御敌国入侵而修建的城墙。长城位于中国的北方，东西绵延上万里，因此又被称为"万里长城"。现存的长城遗迹主要是始建于14世纪的明长城，全长8851.8千米，城墙平均高度为6至7米，宽度为4至5米。

The Great Wall is the wall built by various empires in China in ancient times for the purpose of defending against attacks from enemy states. The Great Wall lies in northern China and ranges more than ten thousand *li* from east to west, so it is also called "*Wanli Changcheng*" (the Great Wall of ten thousand *li*). The current remains of the Great Wall date back to the Ming Dynasty of the 14th century. These sections are 8851.8 kilometers long. The walls have an average height of 6 to 7 meters and a width of 4 to 5 meters.

 Take a guess 考考你

Guess the use of the beacon towers on the Great Wall and the normal distance between beacon towers. 猜一猜长城上的烽火台是做什么用的，两个烽火台之间通常有多长的距离。

第8课

告别
Farewell

Warm-up 热身

1 Listen and repeat. Think about which occasions we use the following expressions.
听录音，跟读。想想我们什么时候会说下面这些话。

祝你生日快乐！ Zhù nǐ shēngrì kuàilè!	Happy birthday to you!
祝你新年快乐！ Zhù nǐ Xīnnián kuàilè!	Happy New Year!
祝你学习进步！ Zhù nǐ xuéxí jìnbù!	May you make progress in your studies!
祝你身体健康！ Zhù nǐ shēntǐ jiànkāng!	Wish you good health!
祝你旅途愉快！ Zhù nǐ lǚtú yúkuài!	Have a pleasant journey!
祝你一路平安！ Zhù nǐ yí lù píng'ān!	Have a safe trip!

2 Listen and repeat. Then talk about which of the followings things you have done in China. 听录音，跟读。说说你在中国做过下面的哪些事情。

学汉语
xué Hànyǔ

画画儿
huàhuàr

打太极拳
dǎ tàijíquán

写书法
xiě shūfǎ

跳舞
tiàowǔ

登山
dēngshān

唱歌
chànggē

旅游
lǚyóu

逛街
guàngjiē

照相
zhàoxiàng

吃小吃
chī xiǎochī

购物
gòuwù

Dialogue 对话

时间过得真快！我们明天就要回国了。在
Shíjiān guò de zhēn kuài! Wǒmen míngtiān jiù yào huí guó le. Zài

中国，我们学汉语、画画儿、打太极拳、旅游，
Zhōngguó, wǒmen xué Hànyǔ, huàhuàr, dǎ tàijíquán, lǚyóu,

过得很愉快。谢谢老师对我们的帮助和
guò de hěn yúkuài. Xièxie lǎoshī duì wǒmen de bāngzhù hé

照顾。明天老师去机场送我们。
zhàogu. Míngtiān lǎoshī qù jīchǎng sòng wǒmen.

1 欢迎你们再来中国！
Huānyíng nǐmen zài lái Zhōngguó!

2 一定会的。
Yídìng huì de.

3 祝你们一路平安！
Zhù nǐmen yí lù píng'ān!

4 老师保重！再见！
Lǎoshī bǎozhòng! Zàijiàn!

Trans-lation

Time really flies! We will be returning home tomorrow. During our time in China, we have learned Chinese, drawn pictures, learned *taijiquan,* and traveled. We had a great time. Thanks to our teacher for her help and care for us. Our teacher is sending us off tomorrow at the airport.

teacher：You are welcome to come back to China soon!
students：Certainly.
teacher：Have a safe trip!
students：Take care, teacher! Goodbye!

Sentence Patterns 学句型

Listen and repeat. 听录音，跟读。

1 do something in/at some place

在 zài	房间 fángjiān	学 汉语 xué Hànyǔ
	学校 xuéxiào	
	中国 Zhōngguó	

2 something is going to happen soon

外边 wàibian	就 要 jiù yào	下雨 xiàyǔ	了 le
我们 wǒmen		回国 huíguó	
车 chē		开 kāi	

3 time passes by / have a…time

| 时间 shíjiān | 过 得 guò de | 真快 zhēn kuài |
| 我们 wǒmen | | 很愉快 hěn yúkuài |

Activities 活动

1 Listen and number the pictures. 听录音，填序号。

2 Say the correct expression for each scene in the following pictures.
根据下面每张图片的内容说一句祝福的话。

❸ The following are pictures of six cities in China. Look at the pictures and make sentences with the given words according to the example.

下图是中国的六个城市。看图，用所给的词语仿照例句说句子。

在	照相	学汉语	登山	吃小吃	旅游	购物
zài	zhàoxiàng	xué Hànyǔ	dēngshān	chī xiǎochī	lǚyóu	gòuwù

例 我在北京学汉语。/我在上海购物。

北京
Běijīng

上海
Shànghǎi

重庆
Chóngqìng

西安
Xī'ān

三亚
Sānyà

天津
Tiānjīn

Let's Chant Ancient Chinese Poetry 中国古诗诵读

登鹳雀楼
Dēng Guàn Què Lóu

（唐）王之涣

白日依山尽，　Bái rì yī shān jìn,
黄河入海流。　huánghé rù hǎi liú.
欲穷千里目，　Yù qióng qiān lǐ mù,
更上一层楼。　gèng shàng yì céng lóu.

On the Stork Tower

The white sun along the mountain disappears,
The Yellow River flows into the endless sea.
If you want to enjoy a grander sight,
You must climb up to a greater height.

Chinese Characters and Culture 汉字与文化

熊猫

xióngmāo panda

熊猫是中国的国宝级动物，生活在中国西南的温带森林中，以竹子为主要食物。熊猫的毛色黑白相间，体型肥硕，憨态可掬，深受世界各国人民的喜爱。

Pandas are the national treasure of China. They live in the temperate zone in southwest China. Bamboo is their primary food. The color of panda's fur is black and white. Pandas have a plump figure and a charmingly naive disposition. They are adored by people all over the world.

 Take a guess 考考你

Guess which of the following pictures is a baby panda.
猜一猜下面的哪张图片是熊猫宝宝。

两 只老虎
liǎng zhī lǎohǔ

两 只老虎，两 只老虎，跑 得 快，跑 得 快。
Liǎng zhī lǎohǔ, liǎng zhī lǎohǔ, pǎo de kuài, pǎo de kuài.

一只 没有耳朵，一只 没有 尾巴，真 奇怪，真 奇怪。
Yì zhī méiyǒu ěrduo,   yì zhī méiyǒu wěiba, zhēn qí guài, zhēn qí guài.

蜗牛和黄鹂鸟
wōniú hē huánglíniǎo

阿门 阿前一棵葡萄树，阿嫩阿嫩 绿地 刚 发芽。
Ā mén ā qián yì kē pútao shù,   ā nèn ā nèn lǜdì gāng fāyá.

蜗牛 背着那   重重   的壳呀，一步一步地 往   上 爬。
Wōniú bēizhe nà zhòngzhòng de ké ya,   yí bù yí bù de wǎng shàng pá.

阿树阿 上 两 只 黄鹂鸟，阿嘻阿嘻哈哈 在 笑它。
Ā shù ā shàng liǎng zhī huánglíniǎo, ā xī ā xī hāhā zài xiào tā.

葡萄   成熟 还早地很 哪，现在 上来 干 什么？
Pútao chéngshú hái zǎo de hěn na,   xiànzài shànglái gàn shénme?

阿黄 阿黄鹂儿不要 笑，等 我爬上 它就 成熟了。
Ā huáng ā huánglí 'ér bú yào xiào, děng wǒ pá shàng tā jiù chéngshú le.

Chinese Songs 中国歌

茉莉花
mòlì huā

好一朵美丽的茉莉花，好一朵美丽的茉莉花。
Hǎo yì duǒ měilì de mòlì huā, hǎo yì duǒ měilì de mòlì huā.

芬芳美丽满枝芽，又香又白人人夸。
Fēnfāng měilì mǎn zhī yá, yòu xiāng yòu bái rénrén kuā.

让我来把你摘下，送给别人家，茉莉花呀茉莉花。
Ràng wǒ lái bǎ nǐ zhāi xià, sònggěi biérén jiā, mòlì huā ya mòlì huā.

甜蜜蜜
tiánmìmì

甜蜜蜜，你笑得甜蜜蜜，好像花儿开在春风里，开在春风里。
Tiánmìmì, nǐ xiào de tiánmìmì, hǎoxiàng huā'ér kāi zài chūnfēng lǐ, kāi zài chūnfēng lǐ.

在哪里，在哪里见过你，你的笑容这样熟悉，我一时想不起。
Zài nǎlǐ, zài nǎlǐ jiànguo nǐ, nǐ de xiàoróng zhèyàng shúxī, wǒ yìshí xiǎng buqǐ.

啊——在梦里。梦里，梦里见过你；甜蜜，笑得多甜蜜。
Ā - zài mènglǐ. Mèng lǐ, mèng lǐ jiànguo nǐ; tiánmì, xiào de duō tiánmì.

是你，是你，梦见的就是你。
Shì nǐ, shì nǐ, mèngjiàn de jiù shì nǐ.

在哪里，在哪里见过你，你的笑容这样熟悉。
Zài nǎlǐ, zài nǎlǐ jiànguo nǐ, nǐ de xiàoróng zhèyàng shúxī.

我一时想不起，啊——在梦里。
Wǒ yìshí xiǎng buqǐ, ā - zài mènglǐ.

Chinese Songs 中国歌

月亮 代表我的心
yuèliang dàibiǎo wǒ de xīn

你 问 我 爱 你 有 多 深，我 爱 你 有 几 分，
Nǐ wèn wǒ ài nǐ yǒu duō shēn, wǒ ài nǐ yǒu jǐ fēn,

我 的 情 也 真，我 的 爱 也 真，月亮 代表 我 的 心。
wǒ de qíng yě zhēn, wǒ de ài yě zhēn, yuèliang dàibiǎo wǒ de xīn.

你 问 我 爱 你 有 多 深，我 爱 你 有 几 分，
Nǐ wèn wǒ ài nǐ yǒu duō shēn, wǒ ài nǐ yǒu jǐ fēn,

我 的 情 不 移，我 的 爱 不 变，月亮 代表 我 的 心。
wǒ de qíng bù yí, wǒ de ài bú biàn, yuèliang dàibiǎo wǒ de xīn.

轻轻 的 一 个 吻，已经 打动 我 的 心；
Qīngqīng de yí gè wěn, yǐjīng dǎdòng wǒ de xīn;

深深 的 一 段 情，教 我 思念 到 如今。
shēnshēn de yí duàn qíng, jiào wǒ sīniàn dào rújīn.

你 问 我 爱 你 有 多 深，我 爱 你 有 几 分，
Nǐ wèn wǒ ài nǐ yǒu duō shēn, wǒ ài nǐ yǒu jǐ fēn,

你 去 想 一 想，你 去 看 一 看，月亮 代表 我 的 心。
nǐ qù xiǎng yi xiǎng, nǐ qù kàn yi kàn, yuèliang dàibiǎo wǒ de xīn.

汉语桥夏令营结业考试
一级 样卷

1. **The examinee introduces himself.** 考生个人介绍。

   （形式：考官提问，考生回答。）
   考官提问：1. 你叫什么名字？
   　　　　　2. 你是哪国人？
   　　　　　3. 你是中学生吗？

2. **Listen to the examiner read the words. Decide whether they are true or false. Mark ✓ if a word is true, and ✗ if false.** 听考官读词语，判断对错。正确的画✓，错误的画✗。

3. **Please say the corresponding words according to the pictures.** 请根据图片说出相应的词语。

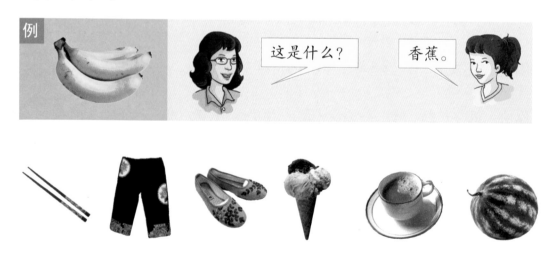

4. **Read the following Chinese characters aloud.** 朗读下面的汉字。

大　小　多　少　人　雨

汉语桥夏令营结业考试
二级 样卷

1. **The examinee introduces himself.** 考生个人介绍。

   （形式：考官提问，考生回答。）
   考官提问：1. 你叫什么名字？
   　　　　　2. 你是哪国人？
   　　　　　3. 你是中学生吗？
   　　　　　4. 今天天气怎么样？
   　　　　　5. 你喜欢喝茶还是喝咖啡？

2. **Listen to the examiner read the words or short phrases and arrange the following pictures in order.** 听考官读词语或者短语，为下面的图片排序。

3. **Read the following words aloud.** 朗读下面的词语。

1. 北京	2. 登山	3. 看电视	4. 超市	5. 牛奶
Běijīng	dēngshān	kàn diànshì	chāoshì	niúnǎi

6. 书店	7. 好吃	8. 夏天	9. 中国	10. 老师
shūdiàn	hǎochī	xiàtiān	Zhōngguó	lǎoshī

4. **Make words into sentences.** 连词成句。

1	叫　我　大卫	
2	热　今天　热　不	
3	是　他　学生　吗	
4	多少　一　钱　个	

汉语桥夏令营结业考试

三级 样卷

1. **The examinee introduces himself.** 考生个人介绍。

   （形式：考生自我介绍）
   考官说：你好！请介绍一下你自己。

2. **Listen to the examiner read the sentences and arrange the pictures in order.** 听考官读句子，为图片排序。

3. **Read the following sentences aloud.** 朗读下面的句子。

   1. 认识你很高兴。 Rènshi nǐ hěn gāoxìng.
   2. 北京的天气怎么样？ Běijīng de tiānqì zěnmeyàng?
   3. 我们十二点吃饭。 Wǒmen shí'èr diǎn chīfàn.
   4. 便宜点儿可以吗？ Piányi diǎnr kěyǐ ma?
   5. 我在中国过得很愉快。 Wǒ zài Zhōngguó guò de hěn yúkuài.
   6. 祝你一路平安。 Zhù nǐ yí lù píng'ān.

4. **Choose the correct pictures according to the dialogues, and then fill in the numbers of the pictures in the blanks.** 根据对话选择正确的图片，把图片的序号填到空格里。

   | A：你几点起床？ | Nǐ jǐ diǎn qǐchuáng? |
   | A：我七点起床。 | Wǒ qī diǎn qǐchuáng. |

   | A：你要什么？ | Nǐ yào shénme? |
   | B：我要炒饭。 | Wǒ yào chǎofàn. |

   | A：教学楼怎么走？ | Jiàoxuélóu zěnme zǒu? |
   | B：往右转，一直走。 | Wǎng yòu zhuǎn, yìzhí zǒu. |

   | A：钱包多少钱一个？ | Qiánbāo duōshao qián yí gè? |
   | B：25元。 | Èrshíwǔ yuán. |

图书在版编目（CIP）数据

学汉语 / 国家汉办 / 孔子学院总部编著 . —北京：高等教育出版
社，2011.6（2013.6 重印）
《中国欢迎您》短期汉语系列教材
ISBN 978-7-04-032033-6

Ⅰ.①学… Ⅱ.①国… Ⅲ.①汉语－阅读教学－对外汉语教学－
教学参考资料 Ⅳ.① H195.4

中国版本图书馆 CIP 数据核字（2011）第 101730 号

策划编辑	周　芳	责任编辑	金飞飞	封面设计	乔　剑	版式设计	冰河文化
责任绘图	冰河文化	插图选配	金飞飞	责任校对	金飞飞　李　桑	责任印制	朱学忠

出版发行	高等教育出版社	咨询电话	400-810-0598
社　　址	北京市西城区德外大街4号	网　　址	http://www.hep.edu.cn
邮政编码	100120		http://www.hep.com.cn
印　　刷	北京信彩瑞禾印刷厂	网上订购	http://www.landraco.com
开　　本	787×1092　1/16		http://www.landraco.com.cn
印　　张	4.5	版　　次	2011 年 6 月第 1 版
字　　数	112 000	印　　次	2013 年 6 月第 3 次印刷
购书热线	010-58581118	定　　价	25.00元（含光盘）

本书如有缺页、倒页、脱页等质量问题，请到所购图书销售部门联系调换
版权所有　侵权必究
物 料 号　32033-00